Petit monde vivant

Les baleines

Bobbie Kalman et Heather Levigne

Traduction : Paul Rivard

Les baleines est la traduction de *What is a Whale?* de Bobbie Kalman et Heather Levigne (ISBN 0-86505-953-5).
© 2000, Crabtree Publishing Company, 612 Welland Ave., St. Catharines, Ontario, Canada L2M 5V6

Données de catalogage avant publication (Canada)

Kalman, Bobbie, 1947-

  Les baleines

  (Petit monde vivant)
  Traduction de: What is a whale?.
  Comprend un index.
  Pour enfants de 6 à 10 ans.

  ISBN 2-920660-85-3

  1. Baleines - Ouvrages pour la jeunesse. I. Levigne, Heather, 1974-   . II.
Titre. III. Collection: Kalman, Bobbie, 1947-   . Petit monde vivant.

QI.737.C4K25514 2002   j599.5   C2002-941188-2

Nous reconnaissons l'aide financière du gouvernement
du Canada par l'entremise du Programme d'Aide au
Développement de l'Industrie de l'Édition (PADIÉ)
pour nos activités d'édition.

Le Conseil des Arts | The Canada Council
du Canada | for the Arts

Éditions Banjo remercie
le Conseil des Arts du Canada du soutien
accordé à son programme d'édition dans
le cadre du programme des subventions
globales aux éditeurs.

Cet ouvrage a été publié
avec le soutien de la SODEC.

Gouvernement du Québec – Programme de crédit
d'impôt pour l'édition de livres – Gestion SODEC.

Dépôt légal – Bibliothèque nationale du Québec, 2002
Bibliothèque nationale du Canada, 2002
ISBN 2-920660-**85**-3

Les baleines
© Éditions Banjo, 2002
233, av. Dunbar, bureau 300
Mont-Royal (Québec)
Canada H3P 2H4
Téléphone: (514) 738-9818 / 1-888-738-9818
Télécopieur: (514) 738-5838 / 1-888-273-5247
Site Internet: www.editionsbanjo.ca

Imprimé au Canada

Table des matières

Qu'est-ce qu'une baleine ?

Les baleines appartiennent à un groupe d'animaux appelés *cétacés*. Les cétacés sont des mammifères. Ce sont des animaux à sang chaud, c'est-à-dire que la température de leur corps reste constante, quelle que soit celle du milieu ambiant. Comme tous les mammifères, les baleines ont besoin d'**oxygène** pour vivre. Contrairement à d'autres animaux, les femelles de la classe des mammifères allaitent leurs bébés.

*Même si les baleines passent tout leur temps dans l'eau, elles n'ont pas de **branchies** et ne peuvent donc pas respirer sous l'eau comme les poissons. Ce béluga remonte à la surface de l'eau pour respirer.*

Les baleines ont besoin d'eau

Les baleines sont des mammifères marins. Elles passent leur vie entière dans l'eau salée. L'eau les aide à supporter le poids de leur corps. Le corps d'une baleine est si lourd que ses poumons et ses autres organes seraient écrasés si elle vivait sur terre. Les baleines ont aussi besoin d'eau pour garder leur peau humide. Hors de l'eau, leur peau se dessèche et la température de leur corps devient trop élevée. Lorsqu'une baleine s'échoue sur une plage et y reste longtemps, elle meurt.

Où vivent les baleines ?

Les baleines vivent dans tous les océans du monde : dans les eaux chaudes des tropiques ou celles, glaciales, des régions polaires. De nombreuses baleines passent des eaux chaudes aux eaux froides, ou inversement, pour se nourrir ou se reproduire. Les dauphins de rivière sont les seuls cétacés vivant en eau douce, dans des eaux profondes et troubles.

Les dauphins sont apparentés aux baleines. Comme tous les cétacés, ils vivent dans l'eau et doivent garder leur peau humide.

Un lointain ancêtre

Les baleines descendent d'un mammifère quadrupède à fourrure qui vivait sur la terre ferme il y a des millions d'années. Ce mammifère s'aventurait souvent dans des eaux peu profondes pour chercher sa nourriture. Au cours des millions d'années qui suivirent, cet animal a évolué, c'est-à-dire que son corps s'est progressivement transformé pour s'adapter à la vie aquatique. Sa fourrure disparut, des nageoires en forme de pagaies remplacèrent ses pattes de devant tandis que ses pattes de derrière diminuèrent de taille jusqu'à disparaître. Les narines de cet ancêtre terrestre se déplacèrent sur le dessus de la tête et devinrent un évent.

L'arbre généalogique des baleines

On compte 76 espèces de baleines. Les scientifiques les divisent en deux groupes principaux : les baleines à **fanons** et les baleines à dents.

Les baleines à fanons

Les baleines à fanons sont les plus grandes des baleines. Leur nom latin *mysticetes* signifie « moustachues » et renvoie à leurs fanons cornés.

C'est la baleine à bosse qui possède les plus grandes nageoires pectorales.

La baleine grise a de nombreuses bosses, éraflures et cicatrices sur la peau.

La baleine franche nage la bouche ouverte.

Les scientifiques croient que la baleine bleue est le plus gros animal à avoir jamais existé.

Les baleines à dents

Les dauphins et les marsouins font partie des 66 espèces de baleines à dents.

Le marsouin a un museau arrondi et est plus petit que le dauphin.

Il existe plus de 26 types de dauphins.

L'épaulard appartient à la famille des delphinidés. Il est le seul de cette famille à se nourrir d'animaux à sang chaud.

Le cachalot est la plus grande des baleines à dents.

Peux-tu deviner pourquoi la baleine à bec porte ce nom ?

Le nom béluga *vient d'un mot russe qui signifie « blanc ».*

Le narval est surnommé « licorne de mer ».

Lobes, nageoires dorsales et évents

Le corps d'un cétacé est fait pour la vie marine. Il a une forme fuselée, comme une torpille, et possède une peau lisse et caoutchouteuse, ce qui permet à l'animal de bien glisser dans l'eau sans offrir de résistance.

Une épaisse couche de blanc de baleine, c'est-à-dire de graisse, permet au mammifère marin de conserver sa chaleur dans les eaux froides.

Les cétacés n'ont pas d'odorat.

Ses nageoires pectorales aident le cétacé à se diriger.

L'ouïe des cétacés est très développée. Elle leur permet d'entendre à des kilomètres à la ronde.

La nageoire caudale d'un cétacé est formée de deux lobes. Les cétacés bougent ces lobes de haut en bas pour mieux se propulser.

La respiration des cétacés

Les mammifères tirent leur oxygène de l'air et rejettent du **gaz carbonique**. Lorsque les humains et les autres mammifères retiennent leur souffle, ils doivent expirer après peu de temps, car le gaz carbonique s'accumule dans leur corps et doit être évacué rapidement. Par contre, un cétacé peut retenir longtemps son souffle, puisque le gaz carbonique ne s'accumule pas aussi vite dans son corps que dans celui des autres mammifères.

L'oxygène dans le corps

C'est le sang qui transporte l'oxygène vers les diverses parties du corps d'un animal. Les cétacés ont plus de sang dans leur corps que les autres mammifères. Cela leur permet donc d'emmagasiner plus d'oxygène et de demeurer plus longtemps sous l'eau avant de devoir faire surface pour respirer.

C'est par son évent qu'un cétacé respire. En plongée, cet orifice se ferme et l'eau ne peut donc y pénétrer. Les baleines à dents ont un seul évent, mais les baleines à fanons en ont deux.

Pour respirer tout en nageant, le cétacé courbe son corps à la surface de l'eau de façon à faire émerger son évent.

Les baleines à fanons

Il y a deux groupes de baleines à fanons : les baleines franches et les rorquals. La plupart des baleines à fanons sont plus imposantes que les baleines à dents. Elles se déplacent seules ou en petits groupes.

Des lames à la place des dents

Les baleines à fanons n'ont pas de dents pour saisir ou mastiquer leurs proies. Pour attraper leur nourriture, elles se servent de fanons, des lames garnies de poils raides qui sont fixées à leur mâchoire supérieure. Ces fanons pendent dans leur bouche comme les crins d'un balai. Ils sont faits de kératine — la substance qui entre dans la composition de nos ongles. La longueur des fanons varie selon les baleines. Pour se nourrir, une baleine laisse entrer dans sa bouche une énorme quantité d'eau, qu'elle expulse ensuite, en la poussant avec sa langue, à travers ses fanons. Ceux-ci retiennent de minuscules **crustacés**, dont l'ensemble est appelé *krill*, que la baleine avale par la suite. Comme ces crustacés n'ont que 5 cm de longueur, la baleine doit manger quotidiennement plusieurs tonnes de krill, pour fournir à son corps énorme l'énergie dont il a besoin. Les fanons retiennent aussi de petits poissons, comme des harengs, que la baleine avale tout entiers.

krill

Racleuses de fonds marins

Les baleines grises sont des racleuses de fonds marins. Elles plongent jusqu'au fond de l'océan pour dénicher les crustacés enfouis dans le sol boueux. En se servant de leur museau, elles soulèvent la boue et aspirent la nourriture dans leur bouche, en filtrant l'eau boueuse à travers leurs courts fanons. Des coronules et des poux s'agglomèrent sur la peau des baleines grises. Les coronules sont des crustacés qui se fixent sur le museau, les nageoires pectorales et les lobes de la nageoire caudale de certaines grandes créatures marines.

La plupart des baleines grises aspirent leur nourriture par le côté droit de leur bouche. C'est pourquoi les fanons se trouvant de ce côté sont plus usés que les autres.

*Pour attraper des poissons, les baleines à bosse ont souvent recours au **ravitaillement coopératif**. Elles nagent sous un banc de poissons et émettent des sons aigus qui les effraient et les poussent à resserrer les rangs. Les baleines utilisent la technique du **filet de bulles**, c'est-à-dire qu'elles laissent échapper de l'air par leurs évents de façon à former un écran de bulles autour du banc de poissons. Ceux-ci sont alors emprisonnés dans un « filet » le temps que les baleines remontent à la surface et les avalent au passage.*

Les baleines franches

La baleine de Biscaye, la baleine australe et la baleine du Groenland (ou baleine boréale) forment le groupe des baleines franches. Ces baleines ont une tête massive, de longs fanons et une épaisse couche de gras. Elles n'ont pas de nageoire dorsale. Leur tête est couverte de zones rugueuses appelées **callosités**. Les scientifiques sont en mesure d'identifier des baleines d'après la disposition de leurs callosités.

Les baleines du Groenland

Le fanon d'une baleine du Groenland est plus long que celui de toute autre baleine : il peut atteindre quatre mètres. Contrairement aux autres baleines franches, les baleines du Groenland n'ont pas de callosités. Ces baleines noires à la peau lisse vivent dans les eaux froides de l'Arctique.

Les baleines comme celle du Groenland étant faciles à capturer, les chasseurs les qualifièrent de baleines franches.

Les chasseurs de baleines

Par le passé, on chassait les baleines pour leurs fanons. Un fanon est solide et flexible. On utilisait des fanons pour fabriquer des cannes à pêche, des ressorts de suspension pour les voitures et des sous-vêtements appelés *corsets*. Les femmes portaient des corsets pour paraître plus minces. Avant l'utilisation de l'électricité, on faisait fondre la graisse de baleine qui servait ensuite de combustible dans les lampes à huile. Les baleiniers vendaient aussi la chair et la peau de l'animal. Des milliers de baleines ont été victimes de la chasse. Il s'agissait d'un métier périlleux, comme le montre l'illustration ci-dessous, mais les baleiniers ne le pratiquaient pas moins, car il rapportait un bon revenu.

Les longues tiges des corsets étaient faites de fanons.

Les rorquals

La baleine à bosse, la baleine bleue, le rorqual commun, le rorqual boréal, le petit rorqual et le rorqual boréal de Bryde appartiennent au groupe des baleinoptères ou rorquals. C'est dans ce groupe qu'on trouve les baleines les plus grandes et les plus rapides. Les rorquals sont les seules baleines à avoir des plis sur la gorge appelés *sillons ventraux*. Ces sillons s'étirent lorsque les baleines se nourrissent, ce qui augmente le volume de leur gueule et leur permet d'engouffrer d'énormes gorgées d'eau. Le nom *rorqual* vient de l'ancien norvégien et signifie « baleine rouge ». Lorsqu'un rorqual absorbe une grande quantité d'eau, ses sillons ventraux s'étirent et sa gorge prend une teinte rouge ou rose.

Les baleines à bosse

Les baleines à bosse, comme celles que l'on peut voir ci-contre, font l'objet de plus de recherches que la plupart des autres espèces de baleines. On les appelle ainsi à cause de leur façon de plonger. Au moment de s'immerger, elles font le gros dos, ce qui donne l'impression qu'elles ont une bosse.

Les baleines à dents

Parmi les baleines à dents, on compte les cachalots, les bélugas, les baleines à bec, les narvals, les dauphins et les marsouins. Ces cétacés disposent de dents acérées pour attraper des poissons. Les épaulards peuvent gagner les rivages pour capturer des phoques, comme le montre la photo ci-dessus.

La plupart des baleines à dents se déplacent en groupes appelés *bandes*. Les scientifiques croient que les individus d'une bande échangent des renseignements sur les proies ou les prédateurs au moyen de sifflements. Ils restent groupés pour assurer leur sécurité et pour chasser.

Les bélugas

On donne aussi aux bélugas le nom de baleines blanches. À leur naissance, ils ont le corps gris foncé. Ils deviennent bleus au cours de leur croissance et finissent par devenir blancs, lorsqu'ils ont atteint leur maturité. La mobilité de son cou permet au béluga de tourner la tête des deux côtés. La plupart des autres cétacés ne peuvent que regarder droit devant. Les bélugas vivent dans l'océan Arctique, lequel est partiellement recouvert par la banquise. Ils respirent grâce à la présence de poches d'air emprisonné sous la glace, ou encore ils font des trous dans la glace avec leur tête, de façon à pouvoir respirer à l'air libre.

Les cachalots

Les cachalots sont les plus grandes des baleines à dents. Leur nom vient d'un mot espagnol, emprunté au portugais et signifiant « grosse tête ». C'est dans leur tête qu'on trouve le réservoir de spermaceti ou blanc de baleine, substance huileuse qui les aide à flotter. Lorsqu'un cachalot plonge en eaux profondes, l'eau froide a pour effet de solidifier et d'alourdir cette huile, ce qui permet au cachalot de rester plus facilement dans les profondeurs.

Les narvals

Les narvals n'ont que deux dents, et toutes deux sont implantées dans la mâchoire supérieure. Ces cétacés se nourrissent de poissons, de crabes, de crevettes et de calmars. Comme les narvals ne peuvent mastiquer leur nourriture, ils l'avalent tout entière. L'une des dents du mâle pousse jusqu'à devenir une longue défense. De rares individus ont deux défenses. La plupart des femelles n'en ont pas.

Pendant la saison des amours, les narvals mâles se battent en duel, leurs défenses leur servant d'épées. Ils s'affrontent pour gagner le droit de s'accoupler avec une femelle.

Les dauphins et les marsouins

Les dauphins et les marsouins sont les plus petits des cétacés à dents. Ils excellent à nager et à bondir. La plupart des espèces vivent en bandes.

Les dauphins chassent souvent en groupes de plus d'un millier d'individus. Les dauphins entourent un banc de poissons et se relaient pour se ruer sur leurs proies. Il leur arrive aussi de suivre des bateaux de pêche et de manger les poissons qui fuient les filets.

Les épaulards

Les épaulards, dont on voit ci-dessous des spécimens, sont les plus grands dauphins. On les connaît aussi sous le nom d'*orques gladiateurs*, car ils sont féroces. Il existe deux types d'épaulards : les sédentaires vivent en petits groupes dans une région restreinte de l'océan et mangent surtout des poissons; les nomades se déplacent en groupes importants et se nourrissent de calmars, de poissons, d'otaries de même que de baleines et de dauphins d'autres espèces.

Les dauphins à gros nez passent beaucoup de temps à nager, à sauter et à chasser. Pour se reposer, les cétacés ne dorment pas de la même façon que les autres mammifères : ils se laissent flotter près de la surface et se dressent, après quelques minutes, pour respirer un coup.

Les baleineaux

Les mammifères sont vivipares, c'est-à-dire qu'ils donnent naissance à des petits complètement formés, plutôt que de pondre des œufs. Tous les deux ou trois ans, la baleine donne naissance à un baleineau. Contrairement à la plupart des autres mammifères, les petits viennent au monde la queue en premier. Dès que son petit est né, la baleine le pousse à la surface de l'eau, afin qu'il puisse respirer. Les baleineaux savent nager dès leur naissance. Ils restent avec leur mère pendant quelques mois. Ils nagent dans son sillage, c'est-à-dire dans les vagues créées par les mouvements de son corps, jusqu'à ce qu'ils soient assez forts pour nager seuls.

Bois ton lait !

Les baleineaux sont allaités par leur mère, c'est-à-dire qu'ils boivent le lait que son corps produit. Les nourrissons boivent plusieurs fois par jour, pendant de courtes périodes de temps, car ils doivent souvent remonter à la surface pour respirer.

Les baleines ont deux orifices appelés *fentes mammaires*. Chacune des fentes s'ouvre sur une mamelle. Pour se nourrir, le baleineau entoure cette mamelle de sa langue, de façon à former un tuyau. C'est dans ce tuyau que la baleine fait gicler son lait, qui atteint ainsi la bouche de son petit.

Le dessin ci-contre montre un jeune dauphin à long bec en train de téter. Les jeunes cachalots de la photo nagent dans le sillage de leur mère.

Comment les cétacés communiquent-ils ?

Les cétacés s'envoient des messages de différentes façons, surtout par le toucher et l'émission de sons. Les cétacés qui vivent en groupes communiquent davantage que les solitaires ou que ceux qui vivent à deux.

Des marques d'affection

Les cétacés se frottent les uns aux autres pour se manifester de l'affection. Les baleines à bosse utilisent leurs longues nageoires pectorales pour toucher les autres membres de leur groupe. Certains cétacés semblent aussi apprécier se faire flatter ou tapoter par des gens.

Sérénades de cétacés

Les baleines à bosse mâles chantent pendant la période des amours. Toutes les baleines émettent le même chant dans leurs quartiers d'hiver, et il diffère selon la région. Le chant des baleines est constitué d'une série de glapissements, de gémissements, de stridulations et de soupirs. Les scientifiques croient que ces chants peuvent servir à attirer les femelles et à avertir les autres mâles de se tenir à distance.

*L'épaulard **bat de la queue**, c'est-à-dire qu'il soulève les lobes de sa nageoire caudale et les abat avec force à la surface de l'eau. Il se peut que ce soit pour envoyer un message à d'autres baleines.*

Chanter pour mieux chasser

Les baleines à bosse, qui chassent et se nourrissent en groupes, se servent de sons pour capturer leurs proies. La bande se déplace sous la conduite d'une ou de deux baleines. L'une d'elles entonne un chant de ravitaillement, qui effraie les poissons que la bande pourchasse et les pousse à resserrer les rangs. Toutes les baleines de la bande s'élancent bouche grande ouverte dans le banc de poissons, comme on peut le voir ci-dessous. Lors des chasses collectives, chaque baleine du groupe joue un rôle particulier.

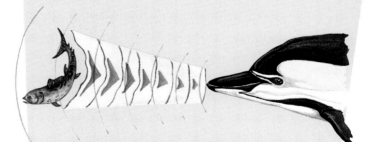

*Certaines baleines à dents ont recours à l'écholocation pour repérer des objets sous l'eau. Elles émettent des sons à partir des **sacs nasaux** qu'elles ont dans la tête. Ces sons heurtent des objets se trouvant dans l'eau et rebondissent vers la source de leur émission sous forme d'échos. Ces échos permettent de déterminer si l'objet est une proie, un prédateur ou d'autres animaux.*

Les baleines à bosse se joignent souvent à la même bande pour les activités de ravitaillement. Après avoir expérimenté à quelques reprises leur technique de chasse, les baleines associées semblent bien travailler ensemble et leur chasse devient plus fructueuse.

Pourquoi les cétacés font-ils cela ?

Les biologistes du milieu marin étudient scientifiquement les cétacés dans leur habitat naturel. Ils les photographient et recueillent des données sur leur comportement. Pour reconnaître chaque individu, les scientifiques se fient aux motifs de couleur apparaissant sur la face interne de la nageoire caudale. L'étude des baleines permet aux scientifiques d'élaborer des théories, des idées, sur les façons d'agir des baleines.

Des bonds de bonheur ?

Les baleines bondissent souvent, c'est-à-dire qu'elles sautent en l'air et s'écrasent ensuite à la surface de l'eau, tombant sur le flanc ou sur le dos. Quelques raisons expliquent ce bondissement. Par exemple, les baleines que des gens surprennent dans leur habitat bondissent parfois. Elles peuvent aussi bondir pour manifester de la peur ou de la colère. Certains scientifiques croient que les baleines ne bondissent que pour le plaisir !

Le claquement des nageoires

Les baleines à bosse ont des nageoires pectorales plus longues que celles des baleines des autres espèces. Elles agitent souvent leurs nageoires dans l'air ou les font claquer à la surface de l'eau. Certains scientifiques croient que ce **claquement des nageoires pectorales** permet d'éloigner les prédateurs qui pourraient s'attaquer aux baleineaux. Pourtant, les baleines s'adonnent parfois à cette activité sans raison apparente.

De tous les cétacés, les dauphins sont parmi les plus enjoués.

*Les baleines font du **périscopisme**, ou des **pauses d'observation de surface**, c'est-à-dire qu'elles se tiennent la tête hors de l'eau pour jeter un coup d'œil aux alentours.*

L'observation des baleines

Les baleines migrent ou se déplacent chaque année. Elles parcourent ainsi des milliers de kilomètres entre leur aire de ravitaillement et leur aire de reproduction. En été, elles vivent dans des eaux froides; en hiver, elles gagnent des eaux plus chaudes. Elles retournent souvent dans les mêmes endroits chaque année.

De nombreuses créatures marines vivent en eaux froides, lesquelles contiennent plus d'oxygène que les eaux chaudes. Les baleines passent l'été à engouffrer d'énormes quantités de nourriture dans leur aire de ravitaillement, en eaux froides, afin de se préparer à leur migration vers les eaux chaudes, où la nourriture est moins abondante.

Les scientifiques croient que les baleines migrent vers les eaux chaudes pour mettre bas, car les eaux de leur aire de ravitaillement seraient trop froides et trop agitées pour les nouveau-nés. Lorsque les baleineaux sont assez robustes, les baleines retournent en eaux froides pour se nourrir.

Beaucoup de personnes vont observer les baleines au cours de leur migration. Observer les baleines peut être fascinant, mais il est important que les bateaux se tiennent suffisamment loin de celles-ci. De trop nombreuses embarcations perturbent les baleines et peuvent avoir pour effet de séparer les mères de leurs baleineaux.

Observation des baleines à Hawaï

En avril, je me trouvais sur l'île de Kauai, dans l'archipel d'Hawaï. De mon balcon, qui donnait sur l'océan Pacifique, je pouvais voir des baleines à bosse nager toute la journée. On peut repérer une telle baleine par la bouffée de vapeur d'eau qui s'échappe de ses évents. Certaines baleines se trouvaient très loin dans l'océan, mais de nombreuses autres nageaient près du rivage, dans des eaux peu profondes. J'ai remarqué leurs énormes nageoires pectorales qui surgissaient de l'eau et frappaient la surface. J'avais l'impression que les baleines me saluaient et je me suis rapprochée d'elles. Quelques jours plus tard, j'ai eu l'occasion de participer à une croisière d'observation des baleines. Le capitaine du bateau nous a alors dit que, pour la sécurité des baleines, les embarcations doivent se tenir à au moins 92 mètres d'elles, mais que, souvent, les baleines s'approchent des bateaux.

Le bateau s'arrêtait chaque fois qu'une baleine était en vue. À un moment donné, le capitaine nous a annoncé qu'il y avait une bande de baleines à bosse à proximité. Peu de temps après, nous les avons vues s'approcher lentement de nous. Tout le monde à bord était impressionné par ces énormes mammifères. Ils étaient beaucoup plus gros que je ne l'aurais imaginé ! Nous avons aussi entendu le bruit que font les baleines au moment où elles expulsent de la vapeur d'eau de leurs évents. C'était formidable ! L'une d'entre elles a même poussé son baleineau hors de l'eau. « Elle nous montre son bébé ! » me suis-je dit.

Entourée de dauphins

Pendant notre trajet de retour, plus d'une centaine de dauphins à long bec nous ont entourés. Ils nous ont offert un spectacle incomparable, bondissant de l'eau et tournoyant haut dans les airs. Nous les avons salués de la main et les avons applaudis, complètement fascinés par leur numéro. Ils nous ont accompagnés sur des kilomètres, passant sous notre embarcation ou nageant près de celle-ci.

Danse avec les dauphins

Le lendemain, je faisais jouer de la musique à fort volume et je dansais sur mon balcon. Je me sentais heureuse d'avoir vu les baleines et les dauphins de la veille. Jetant un coup d'œil du côté de l'océan, j'ai alors aperçu un groupe de dauphins qui bondissaient et tournoyaient au même rythme que moi. Je leur ai crié : « Vous aimez ma musique ? » Crois-tu qu'ils l'aimaient vraiment ?

Des dauphins amicaux

Mon amie Karuna vit à Kauai et nage presque tous les jours avec des dauphins. En kayak, elle se rend assez loin sur l'océan, puis elle se laisse glisser doucement dans l'eau et se met à fredonner des « chants pour dauphins ». Lorsque les dauphins l'entendent chanter, ils s'approchent souvent d'elle et nagent en sa compagnie. Voici l'une des anecdotes qu'elle m'a racontées.

Le salut des 21 dauphins

« Un jour, alors que j'entrais dans l'eau, j'ai entendu la voix de nombreux dauphins, dont je percevais les claquements et les petits cris aigus. Il y avait là, dans la baie, 4 ou 5 bandes de dauphins, soit de 12 à 20 individus. Ils s'amusaient de différentes façons. Certains nageaient par deux, ventre contre ventre, et bondissaient hors de l'eau en tournoyant. Plusieurs d'entre eux n'étaient âgés que de quelques jours. J'ai attiré leur attention, les ai applaudis et leur ai crié : « Bravo ! » Soudainement, ils ont disparu sous l'eau. C'était le calme plat quand, tout à coup, j'ai vu une longue file de dauphins bondir de l'eau, en même temps. Ce merveilleux spectacle, je l'ai appelé " le salut des 21 dauphins ". C'était, à mon avis, leur façon de me dire au revoir. »

Des baleines en péril

Par le passé, les baleiniers ont tué des milliers de baleines et de nombreuses espèces ont fini par être menacées d'**extinction**. La chasse à la baleine est toujours légale dans certains pays, mais le nombre de baleines que les chasseurs sont autorisés à tuer est limité. Certains baleiniers, toutefois, font plus de victimes que le nombre permis. La pollution entraîne également la mort de nombreux cétacés, et plusieurs dauphins se retrouvent prisonniers de filets de pêche et y meurent par noyade.

La protection des baleines

Des organismes internationaux, comme la Commission baleinière internationale, contribuent à protéger les baleines dans leur habitat naturel. En 1972, les États-Unis ont adopté une loi visant à protéger les mammifères marins, en en limitant la chasse. De tels efforts ont permis de sauver certaines espèces de baleines, y compris les baleines grises de Californie, qui ne sont plus maintenant considérées comme une espèce en voie de disparition.

Les dauphins échoués sur cette plage d'Australie sont des globicéphales noirs. Les scientifiques ne savent pas trop pourquoi des baleines s'échouent ainsi.

Glossaire

battement de la queue   Fait, pour un cétacé, de frapper la surface de l'eau au moyen de sa nageoire caudale

branchies   Organes permettant aux poissons, par exemple, de respirer sous l'eau

callosités   Zones de peau rugueuse sur le corps d'un cétacé

claquement des nageoires pectorales   Fait, pour certains cétacés, de soulever leurs nageoires pectorales et de les faire claquer à la surface de l'eau

crustacés   Animaux recouverts d'une carapace et ayant un corps formé de segments et de membres articulés

extinction   Fait, pour une plante ou un animal, de disparaître, de ne plus exister

fanons   Longues lames cornées et frangées de la bouche de certains cétacés servant à filtrer la nourriture contenue dans l'eau de mer

filet de bulles   Méthode de chasse de certains cétacés consistant à produire un filet de bulles d'air et à y emprisonner de petits poissons

gaz carbonique   Gaz constitué de carbone et d'oxygène et présent dans l'air ambiant

oxygène   Gaz présent dans l'air que les êtres humains, les animaux et les plantes ont besoin de respirer

périscopisme ou **pause d'observation de surface**   Fait, pour un cétacé, de se tenir à la verticale, la tête hors de l'eau

ravitaillement coopératif   Travail d'équipe dans la recherche de nourriture

sac nasal   Organe creux situé dans la tête de certains cétacés à dents, notamment des dauphins, leur permettant de produire des sons servant à l'écholocation

Index